ENQUÊTE À L'ORCHESTRE

LE COMPOSITEUR EST MORT

Titre original : *The Composer Is Dead*

Une histoire de
LEMONY SNICKET
Musique originale de
NATHANIEL STOOKEY

interprétée par le **SAN FRANCISCO SYMPHONY**
sous la direction de **EDWIN OUTWATER**

Récitant : **PÉPITO MATÉO**
Traduction : **NATHANIEL STOOKEY** et **PÉPITO MATÉO**
Illustrations : **LOUIS THOMAS**

Didier Jeunesse

LE COMPOSITEUR EST MORT.

« Compositeur » est un mot qui veut dire en clair
« un individu, assis dans une pièce, qui marmonne et qui fredonne
pour choisir les notes de musique qui seront jouées par l'orchestre ».

CD 1

C'est ce qu'on appelle la « composition ».

Mais la nuit dernière, le Compositeur
ne marmonnait plus,
ne fredonnait plus,
ne bougeait plus,
ne respirait plus non plus.

C'est ce qu'on appelle la « décomposition ».

Comme la mort du Compositeur était très suspecte, on a fait appel à l'Inspecteur afin que le meurtrier, ou les meurtriers, soient appréhendés et jetés en prison.

« Pour commencer, rendons-nous dans la fosse pour y interroger les suspects habituels, a dit l'Inspecteur. Sans nul doute, ce Compositeur, comme tous ses confrères, devait avoir beaucoup d'ennemis au sein de l'orchestre,

MAIS JE LES TROUVERAI OÙ QU'ILS SOIENT !

Qu'ils se cachent parmi **LES CORDES**,
qu'ils se dissimulent parmi **LES CUIVRES**,
qu'ils se tapissent au fond **DES BOIS**,
qu'ils se planquent parmi **LES PERCUSSIONS**,
je les trouverai.

JE LES TROUVERAI
OÙ QU'ILS SOIENT !
FOI D'INSPECTEUR ! »

CD 2

Tout comme moi, votre humble narrateur,
l'Inspecteur était aussi beau qu'intelligent.

« **JE JURE**,
a-t-il déclaré,
de mettre tout mon flair pour plaire,
enfin... tout mon savoir-faire, à la résolution
de ce terrible crime contre l'humanité
ou, tout au moins, contre la musique classique. »

Et dans un geste élégant, bien qu'un peu flamboyant,
l'Inspecteur a tiré de sa poche son carnet de notes
très spécial classé « Grandes affaires ».

« Tout d'abord, je vais interroger les cordes !

s'est-il écrié. Dites-moi, les cordes, où étiez-vous donc la nuit en question ? »

Les Premiers Violons répondirent en premier, évidemment ! Oui, il faut savoir que les Violons se divisent en deux sections : les Premiers et les Seconds. Les Premiers Violons, vu la difficulté de leur partition, sont plutôt du genre tendus. Si vous cherchez à vous détendre, vaut mieux vous adresser aux Seconds.

« Nous jouions une valse, ont répondu **LES VIOLONS**. Nous interprétions des mélodies gracieuses pour que les dames et messieurs puissent tournoyer, tournoyer, tournoyer... jusqu'au vertige et la nausée, vous comprenez ? Nous y avons passé la nuit entière !

CD 3# & 4

– **AH, AH !** s'est écrié l'Inspecteur, en prenant la chose en note. Vous avez tué le Compositeur parce qu'il vous faisait jouer comme des forcenés !

– Ne soyez pas ridicule, ont répondu les Violons. Nous, les Violons, sommes les vedettes de l'orchestre. Sans le Compositeur, nous serions contraints de nous produire dans des cabarets ou de faire la tournée des restaurants romantiques.

– JE VOIS,
JE VOIS,

acquiesça l'Inspecteur du bout des lèvres.
Et vous, les Violoncelles, les Contrebasses, qu'avez-vous à répondre ? »

Les interrogés poussèrent un long soupir.
Il faut dire que **LES VIOLONCELLES** et **LES CONTREBASSES** sont souvent fatigués.
Ce n'est pas rien, ces corps immenses qu'il leur faut traîner !
Les Contrebasses, en particulier, sont tellement grandes qu'elles sont même obligées
de faire dépasser leur tête bouclée par la vitre des taxis !

« On faisait l'accompagnement, m'sieur l'enquêteur ! ont répondu les Violoncelles et les Contrebasses.
Ben oui, valser sans le tempo pour vous filer la mesure : **1-2-3, 1-2-3,** ça l' fait pas !
On se marre pas, mais bon, le boulot, c'est le boulot... On connaît la musique !

– **AH, AH !** s'est écrié l'Inspecteur.
Vous avez tué le Compositeur parce qu'il vous faisait jouer des partitions ennuyeuses à en mourir !

– Bien au contraire, Inspecteur, nous, on ne cherche pas à occuper le devant de la scène !
Pas comme d'autres !

CD 5# & 6

– Bon, voilà pour les cordes…

AH, LES ALTOS,
JE VOUS AVAIS COMPLÈTEMENT OUBLIÉS !

– Tout le monde nous oublie tout le temps, gémirent **LES ALTOS**.
Nous jouons les notes dont tout le monde se fiche. Les contre-mélodies que personne n'entend.
Souvent, on nous oblige à rester après le concert pour ranger les chaises.
Et la nuit dernière, nous avons passé le temps à nous apitoyer sur notre sort, comme d'habitude…
Mais nous avons remarqué que le Premier des Premiers Violons se comportait de manière étrange.
Il parlait et riait avec le Compositeur et il tenait à la main un étui noir assez suspect ! »

Le Premier des Premiers Violons est, soit-disant, le meilleur des meilleurs violonistes de l'orchestre, ce qui fait qu'il est souvent accusé de traîtrise.

« Je discutais avec le Compositeur de ma cadence, intervint alors **LE PREMIER VIOLON**, utilisant ici un mot qui veut dire en clair "un solo qui en met plein la vue". Quel intérêt aurais-je eu à tuer quelqu'un qui me donnait une si belle occasion d'épater la galerie ? Je vous le demande !

CD 7#

– ÇA SUFFIT ! ÇA SUFFA !
BON, ÇA SUFFIT COMME SI !

CD 8

Vous, les cordes, avez toutes d'excellents alibis, a dit l'Inspecteur, en prenant la chose en note. Chacun y va de sa partition… Mais il n'empêche que le Compositeur est mort ! Le meurtrier pourrait très bien se dissimuler parmi **LES INSTRUMENTS À VENT**… Où étiez-vous avant ? Je veux dire, la nuit dernière ?

– Nous imitions les oiseaux, s'empressèrent de répondre **LES FLÛTES**, qui sont les plus aigus et les plus brillants des instruments à vent. C'est d'ailleurs tout ce qu'on nous demande de faire. Quand l'orchestre a besoin d'un oiseau, c'est pour nous !

– **AH, AH !** s'est écrié l'Inspecteur. Vous avez eu une prise de bec avec le Compositeur qui vous cantonnait à faire l'oiseau !

– Vous voulez rire ? Nous sommes bien trop trouillardes et volatiles pour commettre le moindre petit meurtre... Quelle horreur ! Interrogez plutôt **LES INSTRUMENTS À ANCHE**. Eux, ils font toujours les choses en douce !

– En douce ? Mais nous ne faisons pas les choses en douce ! insinuèrent **LES CLARINETTES**. Au fait, monsieur l'Inspecteur, quelle bien jolie veste vous portez là !

– **AH… OUI… EUH… MERCI !** répondit l'Inspecteur.

– L'éclat de vos boutons en particulier, ajoutèrent **LES BASSONS**.

– **VOUS TROUVEZ ?** demanda l'Inspecteur en rosissant de plaisir.

– Et la couleur du tissu met votre teint en valeur, dirent **LES HAUTBOIS**. C'est du haut de gamme, assurément !

– **VRAIMENT ?** roucoula l'Inspecteur, qui se mit à tourner sur lui-même. Vous êtes trop aimables. Mais pourquoi ces ricanements, les Flûtes ?

– N'y prêtez pas attention, lui glissa à l'oreille le Premier Hautbois.
À votre place, j'irais plutôt astiquer les cuivres... Ils sont d'une violence !

– Les cuivres ? demanda l'Inspecteur, en prenant la chose en note dans son carnet.
VOUS CROYEZ ?

– Vous pouvez me faire confiance, reprit le Hautbois. Tout le monde me fait confiance.
Quand je donne le *la*, l'orchestre entier m'écoute !

CD 10#

– C'EST INDISCUTABLE, VOUS AVEZ RAISON.

Alors, **LES CUIVRES**, qu'avez-vous à dire pour votre défense ? demanda l'Inspecteur.

– Hier soir, c'était extrêmement important pour nous !
ont déclaré **LES TROMPETTES** d'un air pompier,
une expression qui veut dire en clair "avec arrogance et vulgarité".
On a accompagné en fanfare l'arrivée des rois et des présidents,
on a conduit les soldats au champ de bataille,
et à leur retour on était en tête de parade !
On en a encore les oreilles qui bourdonnent !

CD 12#

– **AH, AH !** s'est écrié l'Inspecteur, en prenant la chose en note.
Vous avez peut-être supprimé le Compositeur parce qu'il vous poussait à jouer trop fort !

– Mais on adore jouer fort, Inspecteur ! Nous, les cuivres, on est un peu sonnés de nature.
Et puis, jouer fort, c'est bon pour le souffle. Allez plutôt faire parler **LES CORS**. Ils ont mauvaise mine !

– ALORS, LES CORS... QU'EN DITES-VOUS ? »

a lancé l'Inspecteur.

Mais faisant la sourde oreille,
les accusés ont entonné un chant mélancolique.

Quand la guerre
Fend nos cœurs
Comme chair à pastèque
Et la chère délaissée
Dit adieu à son mec
Tristes histoires de la vie
Melon et melon-colie

« Non mais laissez donc les Cors en paix, ont dit **LES TROMBONES**.
Hier soir, ils étaient dans un tel état qu'on a dû les sortir au club pour les dérider un peu.
On en a profité pour liquider quelques cadavres... de bouteilles, bien sûr,
et puis on est montés sur les planches pour swinguer jusqu'à l'aube !

CD 14

– On était là aussi ! s'exclamèrent **LES PERCUS** aussi sec.
On a cymbalisé jusqu'à la xylopholie, on a collé le public par terre et les têtes à l'envers !
On a pété le caisson, foutu le tempo, balancé le rythme, crevé la peau. On a juste tué le temps, j' vous dis !
À la fin, on était trop claqués. Trop claqués pour flinguer qui que ce soit !

– Et le tuba, vous en dites quoi ?

a soudainement demandé l'Inspecteur.
Êtes-vous impliqué dans ces affaires louches ?

– Non, a dit **LE TUBA**. Je suis un célibataire endurci…
J'ai passé la soirée à jouer aux cartes avec ma concierge **LA HARPE**,
sirotant du lait chaud dans ma petite tasse bleue… »

L'Inspecteur a parcouru son carnet en se grattant la tête de sa belle main manucurée.

« Tout cela me laisse perplexe !
J'ai passé au peigne fin l'ensemble des instruments de **L'ORCHESTRE**,

MAIS TOUS ONT DES ALIBIS BÉTON !

LES VIOLONS
valsaient à toute allure.
LES VIOLONCELLES et **CONTREBASSES**
donnaient la mesure.
LES ALTOS
s'apitoyaient sur leur sort,
tandis que **LE PREMIER VIOLON**
posait pour la galerie.
LES FLÛTES
faisaient l'oiseau... encore et encore.
LES INSTRUMENTS À ANCHE
avaient le goût d'admirer mes habits.
LES TROMPETTES
défilaient en l'honneur de la nation,
alors que **LES CORS**
sombraient dans la dépression.
LES TROMBONES
avaient trop bu et en étaient patraques,
pendant que **LES PERCUS**
cassaient la baraque.
Et **LE TUBA**
passait la soirée à jouer aux cartes avec sa concierge
LA HARPE,
sirotant son lait chaud dans une petite tasse bleue.

N'EMPÊCHE
QU'IL N'EMPÊCHE
QUE LE COMPOSITEUR
EST TOUJOURS MORT ! »

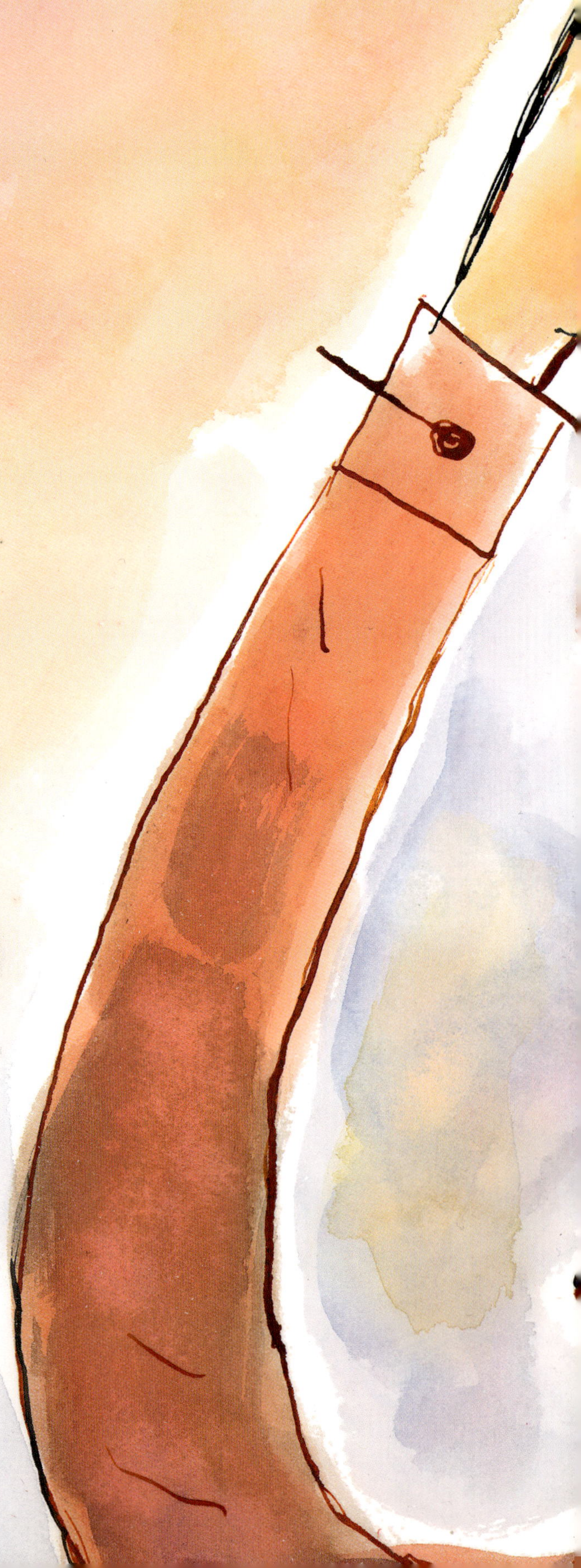

Un drôle de bruit attira l'attention de l'Inspecteur...

« MAIS C'EST BIEN SÛR !

Vous, **LE CHEF D'ORCHESTRE**,
vous qui ne faites que massacrer les compositeurs depuis des siècles !
La preuve : quand on voit un chef d'orchestre,
on est sûr de tomber sur un compositeur... mort !

Beethoven, mort !
Bach, mort !
Brahms, mort !
Mozart, mort !
Haydn, mort !
Schubert, inachevé, mais mort !
Mahler, quel malheur, Mahler… mort !
Chopin, romantique, mais mort !
Tchaïkovski, dramatique, mort !
Stravinski, extatique et néanmoins mort !
Schönberg, incompréhensible… mais mort !
Berlioz, mort !
Purcell, mort !
Prokofieff, mort !
Debussy, mort !

Vivaldi, Wagner, Sibelius, Ives, Händel, Mendelssohn, Scriabine, Liszt, Messiaen, Cage, Ravel, Corelli, Bellini, Puccini, Rossini, Scarlatti, Busoni, Boccherini, Verdi, Saint-Saëns, Poulenc, Jean-Chrétien Bach, Guillaume Friedemann Bach, Carl Philipp Emanuel Bach, Offenbach !

Le monde musical est jonché de cadavres de compositeurs, et tout cela du fait d'un seul homme, le serial killer à la baguette !

QU'ON L'ARRÊTE !

– Pas si vite ! s'écria l'orchestre à l'unisson. **LE CHEF D'ORCHESTRE** n'agit pas seul.
Nous avons tous massacré un compositeur de temps en temps...
Mais c'est nous aussi qui les avons maintenus en vie !
Sans **LES CORDES**, sans **LES BOIS**, sans **LES CUIVRES** et **LES PERCUSSIONS**,
il n'y aurait plus du tout de composition... pour orchestre en tout cas !
Si vous voulez écouter l'œuvre des plus grands compositeurs, il va falloir vous habituer au meurtre !

CAR L'ŒUVRE EST SYSTÉMATIQUEMENT EXÉCUTÉE !

– **MAIS**
C'EST INJUSTE !
s'égosilla l'Inspecteur.

– Ceux qui se réclament de justice n'ont qu'à se plaindre à la police...
Mais ceux qui recherchent une musique exécutée avec cœur

N'ONT QU'À SE RENDRE...

AU CONCERT ! »

LEMONY SNICKET est coupable d'avoir écrit bien trop de livres pour enfants, dont les treize volumes des *Désastreuses Aventures des Orphelins Baudelaire* et la collection *All the Wrong Questions* (dont le premier tome a paru en France sous le titre *Les Fausses Bonnes Questions de Lemony Snicket*). Il passe sa vie loin d'ici, à écouter de la musique triste.

Né en 1970, **NATHANIEL STOOKEY** a été, à l'âge de 17 ans, le plus jeune compositeur à recevoir une commande du San Francisco Symphony. Ses œuvres sont maintenant jouées dans le monde entier. *Le Compositeur est mort*, notamment, est l'un des morceaux les plus interprétés du XXIe siècle, avec des centaines de représentations en sept langues sur les cinq continents.

PÉPITO MATÉO porte à la scène depuis plusieurs années *Le Carnaval des animaux*, l'occasion pour lui de montrer son accointance avec l'univers de la musique classique ! Il est auteur, comédien, metteur en scène, travaille sur le collectage urbain et participe à de nombreux festivals en France et à l'étranger. Il enseigne aussi l'art du conte à l'université Paris VIII.

Le **SAN FRANCISCO SYMPHONY** est un orchestre des plus réputés aux États-Unis. Créé au début du XXe siècle, il propose un mélange de musique classique et contemporaine, et s'efforce de sensibiliser un nouveau public à la musique d'orchestre. Sa programmation novatrice met particulièrement en avant les compositeurs américains. Le chef d'orchestre Michael Tilson Thomas en est le directeur musical depuis 1995.